かんたん！かわいい！

カモさんの保育のイラスト 12か月

illustrator カモ

マネするだけでササッと描けちゃう★
イラストの使い方もしっかり紹介！

かわいい！ こどもがよろこぶ！
イラストのつかい方

4月 | 入園式

お花と組み合わせると、立体的で華やかに。黒板に描くときは少し離れて、ときどきバランスを確認しながら描くと◎

黒板

黒板の上手なつかい方

イラストを描きはじめる前に、おおよその位置やサイズをイメージすると、バランスよく仕上がります。

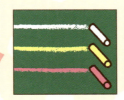

イラストや文字を目立たせたいときは、白・黄色・ピンク色のチョークをえらぶと、黒板に映えます。

チョークは立てて描くと細く、ねかせて描くと太くなります。

【黒板】園舎＝p.44、さくら＝p.44、全身（正面）＝p.24 、通園ぼうし＝p.114

小さいお花紙のつくり方 (ピンク色)

お花紙を5枚重ねて半分に切り、幅1.5cmくらいのじゃばらに折ります。

じゃばら折りの、はじめとおわりを「山折り」にします。

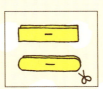

真ん中をホッチキスでとめ、はさみで左右のはしを丸く切ります。

ふんわり開きます。下のほうの花びらを丸く開くと、かわいくなります。

※2色のお花は、オレンジ色のお花紙3枚と、黄色のお花紙2枚を重ねて折り、はしを丸く切って開いたものです。

5月 | てをあらおう

ポスター

一番強調したいところを、大きく描くのがポイント。アイコンもセットで描くと、わかりやすいです。

ポイント

水場にかざるものなので、ラミネートしておくと、よごれませんよ！

【ポスター】手洗いうさぎ＝p.95、ばいきん＝p.46、蛇口＝p.95

3

7月 | 夏祭り・バザー

色の濃い紙とポスカで。少し難しいイラストは、違う紙に描いてからはると、失敗が少なくてすみます。

色えんぴつで着色すると、やさしい雰囲気に。大事なところに色紙をはっても GOOD！

キャラクターを入れると、楽しくなります。

【ポスター / 夏祭り】花火＝ p.60、うちわ＝ p.58、夏祭りのおしらせ＝ p.59　【ポスター / バザーのおしらせ】つみき＝ p.108、ロボット＝ p.108、ボール＝ p.109、T シャツ＝ p.115、スプーン、フォーク＝ p.117、手さげバッグ＝ p.118、カップケーキ＝ p.102、キャンディー＝ p.104、長ぐつ＝ p.52　【チケット】うさぎ＝ p.32

10月 | 運動会

プログラム

表紙と中面に共通のモチーフをつかうと、統一感がでます。

メダル

キラキラの折り紙をつかって、もらってうれしい、ごうかなメダルに。

メダルのつくり方

台紙を丸く切り、先を丸くした長方形の花びらを1枚ずつはり、リボンも折りまげてはります。

台紙と同じサイズの丸い紙を上からはり、イラストを描きます。

タイトルと本文は、文字色をつかいわけると、スッキリ見やすく仕上がります。

ホワイトボード

【プログラム】くもり＝ p.28、万国旗＝ p.68、玉いれ＝ p.69、たこさんウインナー＝ p.107、おにぎり＝ p.105 【メダル】ねこ＝ p.30
【ホワイトボード】万国旗＝ p.68、くもり＝ p.28、玉いれ＝ p.69、キリン＝ p.35、ぞう＝ p.34

5

12月 | 作品展

ポスター

ポップアップカード

うしろに台紙をはるときれいです。丸いシールをはるだけで、華やかに！

動物の下に厚紙をかませて、浮き上がるようにしています。

ポップアップカードのつくり方

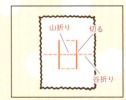

上図のように、切って、折ります。まわりはピンキングばさみをつかっても◎

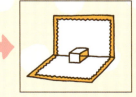

上図のように組み立てます。うしろに、ひとまわり大きな紙をはるときれいです。

イラストを描いた紙を、手前にはります。ここがポップアップする部分です。

イラストや文字を描いたパーツ、丸いシールをはって完成！

【ポスター】いちょう＝ p.72、もみじ＝ p.72、お絵描き＝ p.74　【ポップアップカード】リボン＝ p.15、うさぎ＝ p.32

誕生会

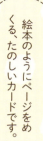

絵本のようにページをめくる、たのしいカードです。

〈おもて〉

〈うら〉

カード

リボンで立体的＆スペシャルに！
似顔絵でこどもがよろこぶプレゼントに。

〈おもて〉　〈うら〉

メダル

メダルのつくり方

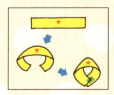
リボンを図のように丸くし、テープでとめたものを、6個つくります。

丸い台紙の上に、6個のリボンと、両端を谷形に切ったリボンをはります。その上から、イラストと文字を描いた丸い紙をはります。

【カード】キリン＝ p.35、健康診断＝ p.46、ぞう＝ p.34、ハート＝ p.15、スパゲッティ＝ p.106、みかん（こたつでみかん）＝ p.82、鬼＝ p.84、クレヨン＝ p.110、うさぎ＝ p.32　【メダル】6 ＝ p.126

7

おたより

えんだより

ご入園、ご進級、おめでとうございます。美しく咲いたサクラも、子どもたちの新しいスタートを祝福してくれているかのようです。新しいクラスが、一人ひとりの子どもにとって早く居心地のいいわたしの場所、ぼくの場所になるように、子どもたちと、また保護者のみなさまときずなを深めていきたいと思います。今年1年、あらためてよろしくお願いします。

4月の予定

8日	入園式
13〜15日	健康診断
21日	お誕生日会
23日	避難訓練

おねがい！ 持ち物に名前を書きましょう

なるべく見えやすい位置に、消えにくいペンなどでお願いします。名前が書いてあれば"迷子"にならずにすみますのでご協力お願いします。

4月うまれのおともだち

- ★ ほしぐみ → ゆうとくん・さくらちゃん
- ☾ つきぐみ → たいすけくん・ゆかりちゃん・はやとくん
- ☀ たいようぐみ → ゆうだいくん・せあらちゃん

今年はじめてのお誕生日会を21日に行います。4月生まれのおともだちをお祝いしたあとに、みんなで手あそびやかんたんなクイズをします。

チューリップが咲きました

去年の10月に球根を植えたチューリップの花が咲きました。チューリップはあまりお世話のいらない花です。水のやりすぎによる根腐れに注意して、芽が出たら日当たりをよくし、少し追肥をすると、立派な花を咲かせてくれます。

おしらせ

ご用意ください
- ぞうきん 1まい
- ティッシュ 1箱
- ビニール袋 30まい

名前を書いて、担任までお渡しください。

担任紹介

- 【ほしぐみ】やまだ さわこ せんせい — 元気いっぱい、毎日笑顔を大切にしています！
- 【つきぐみ】たけだ ゆうた せんせい — 安心、安全を大切に楽しい園生活にしましょう。
- 【たいようぐみ】さとう ゆか せんせい — 子どもたちのキラキラ光る一瞬を見逃しません！

> 白抜きの文字を入れると、目をひきます。やりすぎは注意。

> かこみの種類をつかいわけると、パッと見てわかりやすいです。

ほけんだより

新年度のスタートです。
環境が変わることの多いこの時期、だれだって多少の緊張やとまどいはあるものです。新しいクラスになじむまでは、いらだちや落ち着きのない行動をみせることもあるでしょう。スキンシップや好きな遊びを楽しむことで、しだいに安心して過ごせるようになっていきます。あせらなくてもダ大丈夫です。

4月の予定
健康診断
- 13日 ほしぐみ
- 14日 つきぐみ
- 15日 たいようぐみ

おねがい

保険証のコピーの用意をお願いします

緊急を要するが、病気のとき、職員が病院に連れて行くことがあります。その時に必要になりますので、保険証のコピーを担任へ預けてください。

健康診断について

当日は「内科検診」と「歯科検診」、「身長体重の測定」を行います。トレーナーや長ズボンなど脱ぎ着しやすい服装で登園をお願いします。

食物アレルギーに注意

小麦、そば、卵....、アレルギーの原因になる食品はたくさんあります。症状は下痢、嘔吐、蕁麻疹じんましん、喘息、唇の体調不良など...。アナフィラキシーショックに陥ることもあります。気がかりなことがあれば遠慮にご連絡をお願いします。

規則正しい生活を！

人間の生体リズムは本来、25時間サイクル。毎日同じ時間に寝ることで、体温やホルモンなどが24時間サイクルに調節されていきます。起床時間がまちまちだと、この調節がうまくいきません。日中にぼーっとしたり、疲れやすくなったりします。毎朝同じ時間に起きることを心がけましょう。

【えんだより】チューリップ＝p.45、さくら＝p.44、ちょうちょ＝p.47、園舎＝p.44、健康診断＝p.46、お誕生日ケーキ＝p.102、防災ずきん＝p.66、Tシャツ＝p.115、くつした＝p.115、上ばき＝p.116、つくし＝p.90、ねこ＝p.30、きほんの顔＝p.22、いろいろな顔＝p.22-23 【ほけんだより】看護師さん＝p.96、たんぽぽと綿毛＝p.47、健康診断＝p.46、Tシャツ＝p.115、ズボン＝p.115、時計＝p.54

もくじ

p.2	p.14	p.20
かわいい！こどもがよろこぶ！**イラストのつかい方**	**イラストのきほん**	コラム イラストを上手に描くコツ

 p.21 …

PART 1 きほんのイラストを描いてみよう

| p.85 防寒着 | p.85 医者 | p.85 マスク | p.86 雪うさぎ | p.86 雪の結晶 | p.86 かまくら | p.86 つばき | p.87 ほうれんそう | p.87 れんこん |

3月

| p.88 おだいりさま | p.88 おひなさま | p.88 ひしもち | p.89 すみれ | p.89 菜の花 | p.89 卒園児 | p.89 卒園証書 | p.90 ランドセル | p.90 つくし |

| p.90 えんどう豆 | p.90 ブロッコリー | p.92 コラム たのしい！手づくりおもちゃ |

PART 3
p.93 … **保育のイラストを描いてみよう**

生活

 p.94 あいさつ
 p.94 いただきます
 p.94 食べる
 p.95 うがい
 p.95 手洗い
 p.95 お昼寝
 p.95 お散歩

お仕事

 p.96 おまわりさん
 p.96 お医者さん
 p.96 看護師さん
 p.97 消防士さん
 p.97 車掌さん
 p.97 アイドル
 p.97 コックさん
 p.98 ウエイトレス
 p.98 宇宙飛行士
 p.98 サッカー選手
 p.98 野球選手

 p.104 おいしさ、いろいろ おやつ大好き！
 p.105 ごはん
 p.105 おにぎり
 p.105 サンドイッチ
 p.105 カレーライス
 p.106 めだま焼き
 p.106 オムライス
 p.106 ハンバーグ

イラストのきほん 1

線を描いてみよう

飾った線を、イラストや文字にそえたり、かこんだりするだけで、たのしい雰囲気になります。

直線
きほんの線。
いっきに書くのがコツです。

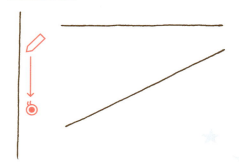

ポイント 描いているペン先ではなく、少し行き先を見ながら描きましょう。

ギザギザ
短い直線を繰り返して描きます。
例：草、雷など。

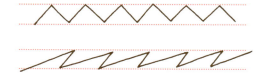

ポイント 山の天地の高さをだいたいそろえるのが、きれいに見せるコツです。

アレンジ

モコモコ
丸をつなげて描きます。
例：レース、クッキーなど。

ポイント となりの半円と同じサイズの半円を描くように、意識してつないでいきます。

アレンジ

ナミナミ
モコモコを反転した形。
例：波、注目してほしい箇所など。

ポイント まっすぐ描くのが難しいときは……えんぴつと定規で軽くガイドラインを引くと、まっすぐに描けます。
※えんぴつはインクがかわいてから消しましょう。

アレンジ

ゆるゆる
とがらせず、ゆるやかな曲線

アレンジ

てんてん
線や点をつないだ線

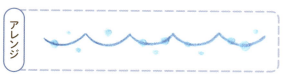

図形を描いてみよう

丸、三角、四角が図形のきほんです。
きれいに描けるように練習しましょう。

イラストのきほん ＊ 線・図形

丸
始点は好きなところから、右ききは時計まわり、左ききは反時計まわりが描きやすいです。

ステップアップ　丸をイメージして　→　モコモコで描く

三角
直線はいっきに。
ひと休みするなら●のコーナーで。

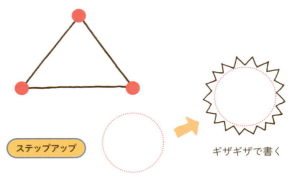

ステップアップ　丸をイメージして　→　ギザギザで書く

四角
角が90度になるように。
直線はいっきに。

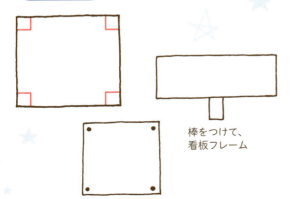

棒をつけて、看板フレーム

コーナーに画びょうで、展示物フレーム

星
ヨコ線をまっすぐ描くと、バランスが取りやすいです。

失敗したときは、ぬりつぶしてカバーします。

ステップアップ　なれてきたら、まわりの線だけの星マークを。

ハート
★の部分は丸く、中心はしっかり

おしりを丸くすると、かわいいハート

とがらせると、おとなっぽいハート

リボン

四角と三角の組み合わせでリボン　　アレンジリボン

ステップアップ　リボンをつかったフレーム

イラストの きほん 3

筆記用具 をえらんでみよう

ボールペンと色えんぴつだけあれば、すぐにイラストを描くことができます。

[きほんの画材]

ボールペン

細かい部分が描けるので、イラストや文字を書くのに便利。ジェル（ゲル）、水性、油性がある。
※本書では、0.5mmジェルインクを使用しています。

色えんぴつ

いろいろな色がある。線描き、色ぬり、どちらもOK。重ねぬりや、力の強弱で濃淡をつけるなど、表現の幅が広い画材。

あると便利な画材

白ペン

色の濃い紙や、濃くぬりつぶしたあとに、上から文字やイラストを描くことができる。

サインペン

太く大きく描きたいときや、強調したいときに使う。ぬりつぶすときにも便利。

絵の具

広い範囲をぬるときなど。

チョーク

黒板に描くときに。

16

イラストのきほん 4　色をつけてみよう

好きな色でぬりつぶしたり、模様を描いたり……。
自由にアレンジしてみましょう。

きほん　イラストのきほん ＊ 筆記用具・色

ボールペン

線だけ描く

ぬりつぶす

ぬりつぶしたあと、文字や顔を描くときは、白ペンをつかうと便利です。

ぬり方いろいろ

タテの線

タテとヨコの組み合わせ

ドット

形にそってぬる

グルグルぬる

色えんぴつ

線をボールペンで描き、ぬり絵のようになかをぬる

色えんぴつだけで描く

ぬり方を変える

線に、色えんぴつをつかって描く

ぬり方いろいろ

模様でぬる

ボールペンと組み合わせる

ステップアップ

濃淡をつけてぬる

17

イラストのきほん 5 文字を書いてみよう

ポスターやおしらせをつくるときに、いろいろな文字が書けると、とても便利です。

線や点をたす
ふつうの文字のはじめとおわりに、線や点をたすだけでできあがり！

線をつけた文字
おねがい
12345

点をつけた文字
ありがとう
67890

タテを太くする
タテっぽいところを太くして、文字に強弱をつけます。

タテを太くした文字
おしらせ
12345

タテを太くし、なかをぬりつぶす
おめでとう
67890

ステップアップ タテを太くし、線をつけた文字
おめでとうございます

太文字
一画ずつ、グルグルと太くします。
一 → 十 → あ

ありがとう 12345　先を丸くグルグルした文字

おめでとう 67890　先を切りっぱなしのようにギザギザ

ありがとうございます！　一画ずつ色を変えても◎

ふくろ文字
文字の外側を、ふちをつけて描きます。

四角くふちをつけた文字

丸くふちをつけた文字

ステップアップ なかに模様をつける

ステップアップ 影をつけて立体的にする

かこむ

ふきだし

言葉にあわせて、ふきだしの形も変えると◎

顔つきのかわいい記号

きほん　イラストのきほん＊文字

コラム イラストを上手に描くコツ

みんなのよろこぶ顔を思いうかべながら、心をこめて描けば、きっとうまくなります。

ポイント 1
「イラストのきほん」を練習しましょう

直線と丸は、イラストを描くときのきほんです。本書では「イラストのきほん」（p.14-19）を紹介しています。毎日練習していけば、必ずうまく描けるようになりますよ。

ポイント 2
線を引くときは、息を止めて描きます

まっすぐな線を引くのは、最初はなかなか難しいかもしれません。でも、呼吸をとめて、一気に描くようにすれば、意外にうまくいくものです。これも、練習ですね。

ポイント 4
楽しみながら描けば相手にも伝わります

イラストを描くのは、音楽を奏でるのと同じように、楽しんでするものです。こどもたちのよろこぶ顔を想像しながら、たのしみながら描くと、気持ちがイラストにも表れて、相手にも伝わります。

ポイント 3
描き続ければ、必ず上手になれます

難しいことは考えずに、とにかく描いてみてください。誰でもかんたんにかわいく描けるように、さまざまなイラストを紹介しています。一日のうちで、ちょっとでも時間が空いたら、1カットでも描くようにすると、上達します。

人物  person

顔は、丸を描くことからスタート。
目、まゆ毛、口の形で、いろいろな表情がつけられます。

〖 顔 〗

きほんの顔　りんかくとなる最初の丸は、おまんじゅう型にするとかわいいです。

 完成！

 →  →  →

丸を描いて　　　　左右に耳をつけて　　　　目、鼻、口を加えて

いろいろな顔　髪型、りんかく、どちらかを変えるだけで、まるで別人に！

前髪をわける

頭の上に短い毛を
つけて、短髪に

点々をつけて
坊主に

長い前髪を
斜めにわける

髪型を変える

三角とツバをつけ
て、ぼうしの子

りんかくを
変える

ほっぺのあたりが丸いほう
が、こどもらしくなります。

三角に描いて、あ
ごを丸くする

四角く描いて、あ
ごを平らにする

丸く描いて、あご
をとがらせる

表情いろいろ

目と口だけで、たくさんの表現ができます。

たのしい
目は「く」の字にし、口角を上げて、口をあけます。

泣く
目は「く」の字にし、口角を下げると、かなしい顔に。

うれしい、おやすみ
目は「U」の字にして、とじた感じに。

失敗
目は「×」の字で、「しまった」「どうしよう」。

ねむい
目は「ー」にし、口を丸くあけます。

おいしい、やんちゃ
目は「く」の字と、「●」で、ウインクに。舌をだします。

ウキウキ、ワクワク
ほっぺにタテ線を入れて。「期待」「好奇心」「照れる」。

笑う
歯を描いて、「よろこび」「成功」「いたずらっぽい」。

複雑な表情

さらにまゆ毛を加えると、複雑な表情をだせます。

ウーン
片まゆを下げて、「考える」「なやむ」。

プンプン
まゆを上げて「おこる」。ほっぺを赤くぬります。

ムムム
まゆを複雑な形にし、口は波線にします。

アワワ
両方のまゆを上げて、汗を描き、口をあけてゆがめて「あせり」を。

もっと！ 髪型アレンジ

下半分だけりんかくを描いてから、髪の毛を描きます。

天然パーマの子

丸の下半分を描き、モコモコの髪をつけます。

耳が髪にかくれた子

丸の下半分を描き、耳はつけずに、髪をたらします。

PART 1 きほんのイラストを描いてみよう＊人物

全身 頭が大きいほうが、こどもらしいです。

正面
正面から見たスタンダードなからだの描き方です。

肩から手首まで。 / 脇の下から、スカートのすそまで。 / 両手と首元。 / 脚を描いて完成！ / 完成！

うしろ姿
顔を描かないところ以外は、正面と同じです。

顔は描かない / 上着と下をわけるときは、脇の下から腰まで。 / ズボンには、真ん中に線を入れます。 / 脚を描いて完成！ / 完成！

ヨコ向き
鼻の位置をヨコにつけるだけで、ベースができます。

向きたい方向に、鼻をのばします。 / お腹と背中のカーブを意識して。 / 肩のあたりから、手を伸ばします。 / 脚は真横のときは手前の1本だけでもOK！ / 完成！

イスにすわる
イスは「H」の形に描けば、カンタンです。

おしりからヨコにまげます。 / 手をまげて、ひざの上に。 / イスを描きます。 / 脚を描いて完成！ / 完成！

大好きな人たち

パパ
顔：四角やタテ長で大人っぽく
肩幅：広い
首：太い
脚：ややひらく

ママ
顔：こどもよりタテ長に
肩幅：せまい
首：細い
脚：とじる

おじいちゃん おばあちゃん
髪：白髪など
顔：シワあり
背中：丸く
腕、脚：少しまげる

先生
体型：成人男女
表情：明るく
動作：元気に
服装：動きやすく

PART 1 きほんのイラストを描いてみよう ＊ 人物

0歳〜5歳

0歳
髪の毛を少なく、手足を短く、おなかやおしりをポッコリ。

1歳
手足をまげて、ヨチヨチした感じに。

2歳
手をひろげて、バランスを取っているイメージに。

3歳
短いけれど、自在に動く手足をイメージ。

4歳
髪型や服装で、男女の差を表現。

5歳
手足がのび、少し細身に。

〖 動き 〗

歩く
手と足は逆に動くので、注意しましょう。

 →  →
〜完成！〜

色づけ＆アレンジ
手と足を、左右反対にして。

走る
歩くときよりも前かがみにし、手足をまげます。

 → →
〜完成！〜

色づけ＆アレンジ
手と足を、左右反対、元気よく。

ジャンプ
ひざをまげているように、丸く描くのがポイントです。

 →  →
〜完成！〜

色づけ＆アレンジ
ひもをもち、手を丸くしてなわとび。

手を上げる
親指だけ離して描くと、手をひろげているように見えます。

 →  →
〜完成！〜

色づけ＆アレンジ
手をふるときは、線を2本描いて。

体育すわり
両ひじをまげて、ひざをかかえこむようにします。

色づけ&アレンジ
足を前にだすときは、足裏を大きく。

ブランコ
ひじをまげて両腕をひらき、ひざをまげて描きましょう。

色づけ&アレンジ
目鼻口を上のほうに描くと上向きに。

歌う
口は大きくあけて、ひじをまげ、うしろで組みます。

色づけ&アレンジ
目の形や口の形を変えて、表情を。

絵を描く
目鼻口を下のほうに描くと、下を向いているようになります。

色づけ&アレンジ
えんぴつをちらすと、雰囲気がでる。

PART 1 きほんのイラストを描いてみよう * 人物

  weather

連絡帳やカレンダーなどに、よく描くお天気マーク。
顔をつけると表情ゆたかに、たのしい雰囲気になります。

晴れ まわりの線の描き方にひと工夫！
おだやかな晴れは小さめに、ピカッと晴天は大きめに描きます。

顔のりんかくも、色えんぴつをつかって。

雨 傘のドームは、深めに描くとかわいくなります。

大雨は、顔の表情を変えて。

くもり モコモコは、丸をつなげるように描きます。

くもりのち雨は、斜線を入れて。

台風

くものおしりの形を変え、口をとがらせると、風が吹きます。

赤いほっぺで、一生懸命な感じに。

雷

雲から光をだせば雷に、口にキバをつければ雷の子です。

雲と雷を重ねて描いてもOK！

雪

上下の丸の大小をつけず、ポッテリ描くとかわいくなります。

マフラーや雪をそえて、イキイキと。

星と月

月は円を描くイメージで。星とセットにしてみましょう。

先端に丸をつけ、線を入れて帽子に。

PART 1 きほんのイラストを描いてみよう ＊ 天気

生きもの creature

生きものも、丸い形の顔からスタート。
耳、しっぽ、毛並みなどで変化をつけられます。

[ねこ＆いぬ]

ねこ正面

丸を描き、耳を三角に、口と鼻は線でつなぎます。　からだは丸いしずく型。　前脚をそろえます。　しっぽをつけて完成！
※ひげは、お好みで。

ねこヨコ

向けたい方向に、鼻をのばします。　前脚を描いて。　後脚を描いて、背中はなめらかに。　しっぽをつけて完成！
※ひげは、お好みで。

子ねこ、親ねこ

子ねこは顔を大きく、からだを小さく。顔のパーツや耳を大きくしてもOK！

親ねこは、からだを大きく描きます。

丸と耳をつなげて描くとよりシンプルに。

30

丸を描き、耳をたらして。からだは、ややガッシリと描きます。

正面のときは、うしろ脚を少しだして。前脚はそろえず、ひらいているイメージにします。

丸の形をタテ長や四角にすると、大きないぬの雰囲気に。からだも、大きめに描きます。

大きないぬは、ヨコを向けるときに鼻先を長くし、からだも大きく描きましょう。

PART 1 きほんのイラストを描いてみよう ＊ 生きもの

ねこ＆いぬ いろいろ

● おすわりねこ
● 毛長ねこ
● おひるねこ
● 走るねこ
● モフモフいぬ
● 水玉いぬ ※首輪をつけても◎
● 耳ピーンいぬ
● おかしないぬ

31

【 動物 】

うさぎ 耳を長く描くのがポイントです。

耳をまげると、かわいくなって◎

さる ヨコに丸い耳を描き、ひたいは「M」字にします。

腕や脚に、動きをつけてもOK！

ねずみ 耳は大きめに、口もとはやや細く、長いしっぽを描きます。

大好物のチーズといっしょに。

とら からだと頭の、シマシマ模様が特徴です。

模様を点にすれば、チーターに変身！

くま　大きな動物は、からだを大きめに描きます。

目と耳、手脚をぬってパンダ。

たぬき　目のまわりを、線でかこむのがポイントです。

おなかをたたいて、ポンポコたぬき。

きつね　口先を少しとがらせて、首もとはモコモコにします。

葉っぱをのせて、化けるきつね。

りす　耳は三角に、大きく丸まったしっぽを描くのがコツです。

どんぐりをもって、たのしい雰囲気に。

PART 1　きほんのイラストを描いてみよう＊生きもの

33

ライオン
顔のまわりの、立派なタテガミを強調しましょう。

動物の王らしく、かんむりを！

コアラ
大きな鼻が特徴。忘れがちですが、耳も大きいのです。

ユーカリの木の上で、くつろいで。

ぶた
ポイントはつぶれた鼻。ひづめのある足先は、四角く描きます。

草を描けば、放牧のイメージに。

ぞう
丸から鼻をのばす、最初の形に注意して描きましょう。

水たまり＆水しぶきで、あそぶぞう。

ひつじ
ひたいにモコモコの毛を描き、全身もモコモコでかこみます。

目をとじて星を描けば、睡眠中に。

キリン
首を長めに描きましょう。ツノと模様もポイントです。

全身は黄色に、点はオレンジ色で。

うま
首を短めにします。タテガミの描き方が大事です。

模様を描いて、メリーゴーランド！

●からだを描くのが、難しいときは……

からだの部分は、台形を描いて完成！

からだを大きくしたり、小さくしたり。特徴となるしっぽも忘れずに。

動物の特徴を活かした、洋服にしても◎

PART 1 きほんのイラストを描いてみよう ＊ 生きもの

【 とり 】

とり正面

丸を描いて / くちばしの中のヨコ線の両端を上げると、ニッコリ顔に / からだは丸くポッチャリさせ、左右に羽を描き / 細い脚で完成！

完成！

とりヨコ

 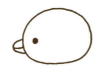  

向かせたい方向に、くちばしを描いて / くちばしの中のヨコ線の両端を上げると、ニッコリ顔に / おなかを丸く、おしりを細く / 真ヨコのときは、脚1本でも

完成！

いろいろなとり

● ふくろう　● 白鳥　● あひる　● コウノトリ　● すずめ　● くじゃく　● 巣　● にわとり、ひよこ、たまご

海の生きもの

さかな アーモンド型に、三角のしっぽをつけます。

からだの大きさや、色を変えても◎

くじら 背中を大きく盛り上げるのがポイントです。

潮をふきながら、泳いでいる感じに。

イルカ くちばしを長く、背びれを忘れずにつけましょう。

水しぶきを上げ、飛びはねて！

かめ 甲羅を大きく描いて、模様をつけます。

はちまきを巻いて、頑張る様子を。

PART 1 きほんのイラストを描いてみよう * 生きもの

ペンギン

顔はとり（p.36）と同じ。
おなかをポッテリ、手を短くします。

頭と腕はブルーに。
氷の上に立って。

アザラシ

からだはコロンとして、前脚は短いのが特徴です。

雪の結晶をちらして、雪国風に。

いろいろな海の生きもの

ふしぎな生きもの

ユニコーン
うま（p.35）にツノを描き、タテガミを長めにします。

完成！

色づけ＆アレンジ

幻想的な色をぬってみると◎

怪獣
キリン（p.35）の背中を盛り上げ、脚を太くします。

完成！

色づけ＆アレンジ

火山などを描くと、迫力満点！

龍
りんかくは長めに。
ヒゲと、ニョロッとしたからだがポイントです。

完成！

色づけ＆アレンジ

雲を描けば、空にいる雰囲気に。

人魚姫
上半身は人、下半身はさかなにします。

完成！

色づけ＆アレンジ

泡をつけると、水中を泳ぐ感じに。

PART 1　きほんのイラストを描いてみよう＊生きもの

きほんの 花と木 flower & wood

かわいい花と木が、カンタンに描けます。
カラフルな色づけで、たのしみましょう。

花-1

| 上の花びらを描いて | 左右の花びら | 下にも左右の花びら | 茎を描き、葉をつけて完成！ |

花-2

| 丸を描いて | 十字の位置に、花びら | すき間に花びら | 茎を描き、葉をつけて完成！ |

木-1

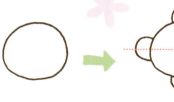

丸を描いて　　幹で完成！

木-2

モコモコを描いて　　幹で完成！

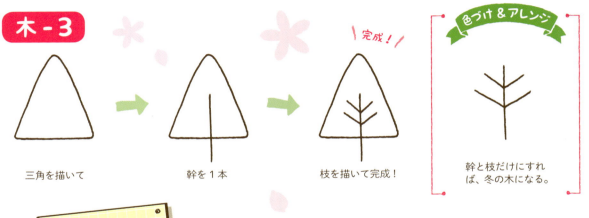

木-3

三角を描いて → 幹を1本 → 枝を描いて完成！

完成！

色づけ&アレンジ

幹と枝だけにすれば、冬の木になる。

いろいろな花と木

● 葉
● 花束
● 花びん
● 花だん
● 紅葉
● 実
● 植木鉢
● 雪

PART 1 きほんのイラストを描いてみよう * きほんの花と木

コラム かわいい 出席ノート&シール

手づくりの出席ノート&シールで、毎日の登園がたのしみになります！

出席ノート

イラストを線画で描いて、こどもたちに色をぬってもらっても。

シール

はじまりは緑、おわりは黄色、お休みは白ペンなど、色わけで工夫しましょう。

【出席ノート】晴れ＝p.28、くもり＝p.28、うさぎ＝p.32、くま＝p.33、かぶと＝p.48、こいのぼり＝p.48、木＝p.40-41、園舎＝p.44　【シール／左】チューリップ＝p.45、すいか＝p.58、雪うさぎ＝p.86、サンタクロース＝p.76、鏡もち＝P.80、ねこ＝p.30、注射＝p.96　【シール／右】ちょうちょ＝p.47、てんとうむし＝p.50、てるてるぼうず＝p.52、お誕生日ケーキ＝p.102、かもめ＝p.57、せみ＝p.62、かき＝p.65、リュックサック＝p.49、くり＝p.70、いちょう＝p.72、ポインセチア＝p.77、ささ&短冊＝p.56、こま＝p.81、手ぶくろ＝p.85、つくし＝p.90、玉いれ＝p.69、通園ぼうし＝p.114、卒園証書＝p.89、ねこ＝p.30、鬼＝p.84

PART 2
12か月のイラストを描いてみよう

園では季節ごとに、
たのしいイベントがたくさんあります。
入園の4月から、卒園・進級の3月まで、
一年をとおして、季節のうつろいを、
かわいいイラストで表現していきましょう。

4月 April

新しい園児たちを迎える季節です。
さくらや園舎などで、ワクワク感を表現しましょう。

新入園児
かばんを肩からかけて、手と足を大きくひらきます。

黄色や水色の園服で、新学期らしく。

さくら
幹から描きます。さくらの花びらは、先を割りましょう。

花びらを5枚、丸く並べて。

園舎
三角の屋根に旗や時計を描くと、園舎っぽくなります。

雲やお花をくわえると雰囲気UP！

チューリップ

葉は茎の一番下から、少し細長く描くのがポイントです。

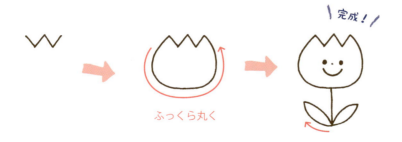

ふっくら丸く

白い花は、りんかく線のみで表現して。

たんぽぽ

葉は茎の下から、地面にひろがるようにギザギザと描きます。

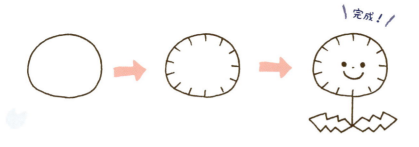

綿毛を飛ばしてもたのしい！

めだか

おなかはふっくら、目は高い位置に、描きましょう。

泡を描けば、水の中にいるみたいに。

クローバー

葉の先をハートのようにくぼませます。

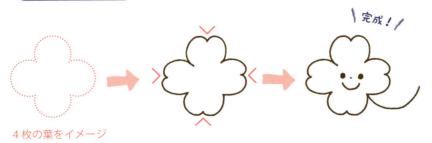

4枚の葉をイメージ

目をつむると、表情がおだやかに。

PART 2　12か月のイラストを描いてみよう ＊ 4月

健康診断
体重計も身長計も、目盛りを描くのがポイントです。

吹き出しをつけて、記録を描いても。

ばいきん
キバをつけると、いたずらっぽい顔になります。

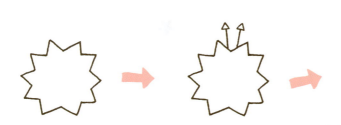

形や表情を変えて、バリエーションを。

キャベツ
全体にずっしり丸く、芯を太くするのがコツです。

芯の位置をずらし、顔を描く場所を。

たけのこ
三角は直線にせず、ふっくら丸みをつけて描きましょう。

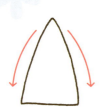  

顔や手をつけて、動きをだしても◎

ちょうちょ
羽に丸みをつけると、やさしい雰囲気になります。

斜めにし、点々をつければ飛ぶ姿に。

はち
おしりの先を、少しとがらせて描くのがポイントです。

はちみつをもたせてあげても OK！

PART 2 — 12か月のイラストを描いてみよう * 4月

 **May**

端午の節句、母の日、遠足など、イベントたくさん。
こいのぼり、カーネーション、リュックサックの登場です。

こいのぼり

目を大きくすると、イキイキとした表情になります。

色ちがいで、タテに並べて泳がせて。

かぶと

ツノを大きめに描くと、力強いかぶとになります。

折り紙の裏は白い。ぬる場所に注意！

カーネーション

花はギザギザに、ガクの部分は大きくしましょう。

花を丸くして、顔を描いても◎

バス

大きなフロントガラスと、小さな窓をいくつか描きます。

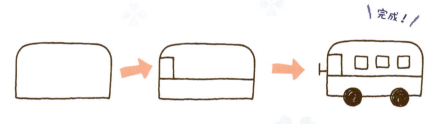

バス停を描くと、バスらしい感じに。

リュックサック

下の部分をふくらませて、ポッテリさせましょう。

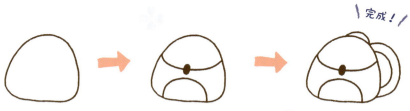

色や模様で、いろいろなリュックに。

イラスト＆文字 組み合わせ

12か月のイラストを描いてみよう＊5月

お弁当
たまご焼きや梅干しなど、彩りよいおかずをえらびましょう。

水筒と一緒に。おなじ色で統一感を。

あおむし
からだにはシマシマを描いて、やわらかい感じをだします。

おしりのうしろに、動きの線をつけて。

てんとうむし
からだは大きめにコロンと描くと、かわいくなります。

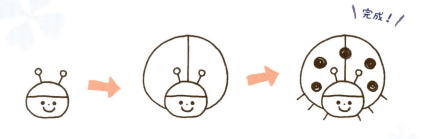

クローバーとの相性が、とてもいい。

あり
胸の部分を小さめにすると、ありさんらしくなります。

3匹をヨコに並べて、ありの行列に。

いちご
実の先をとがらせて、タネをチョンチョンといれます。

色づけ＆アレンジ

タネをへらして、顔を描いてもOK！

たまねぎ
頭をとがらせて、下の部分にはヒゲを描きます。

色づけ＆アレンジ

線を色にして、ぬりつぶさなくて◎

ピーマン
上を大きく、下を小さくするのがポイントです。

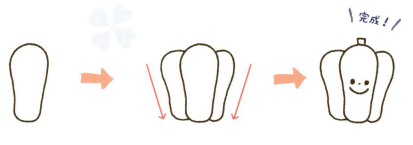

色づけ＆アレンジ

パプリカのときは、実と茎を太くして。

きゅうり
少しカーブをつけると、かわいいきゅうりに。

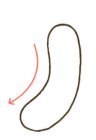

色づけ＆アレンジ

ツルを加えると、新鮮な感じに。

PART 2　12か月のイラストを描いてみよう＊ 5月

 June

雨が多い季節です。
歯の衛生週間、父の日、時の記念日、衣替えなどがありますね。

てるてるぼうず
すそは波線にして、笑顔にしましょう。

 →  →  完成！

色づけ＆アレンジ
雨つぶと、いっしょにしても◎

長ぐつ
筒の部分を太くすると、こどもらしいくつになります。

 → →  完成！

色づけ＆アレンジ
好きな模様を描いて、アレンジ！

レインコート
フードを大きくして、ボタンを忘れずに描きましょう。

 → →  完成！

色づけ＆アレンジ
着たこども。長ぐつや傘とセットに。

| **虹** | 7本ではなく、3本くらいにするとスッキリ描けます。

色づけ&アレンジ

アーチの外側を赤系、内側を青系に。

| **あじさい** | 花は大きく丸く、葉は大きくギザギザにするのがポイントです。

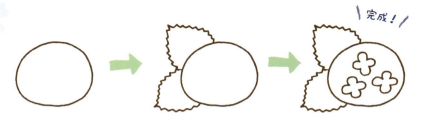

色づけ&アレンジ

雨粒をプラスして、ドラマチックに。

| **かえる** | 飛びでた目と、がにまたの足がかわいいです。

色づけ&アレンジ

おたまじゃくしは、丸にしっぽを。

| **かたつむり** | 殻とからだのバランスに注意して描きましょう。

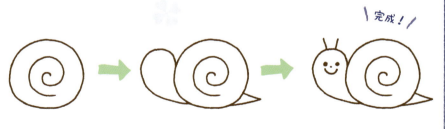

色づけ&アレンジ

殻をはずすと、なめくじになります。

PART 2　12か月のイラストを描いてみよう * 6月

歯みがき

口は大きく描き、格子で歯。
ピカッと光のマークもいれます。

ほかの動物や人を描いてもOK！

虫歯

下をへこませて歯に。涙をポロリとひとつ描きます。

ばんそうこうをはってもいい。

時計

頭に大きなベルをつけると、目覚まし時計になります。

ギザギザを足すと、ベルがなる。

スーツのパパ

えり元にネクタイを描けば、サラリーマン風に。

ネクタイの模様はいろいろたのしく。

メロン 顔を描くときには、格子模様をよけて描きましょう。

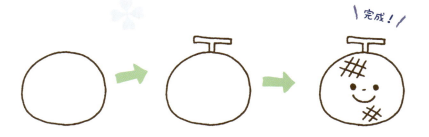

メロンの断面を描くと、こんな感じ。

 **さくらんぼ** コロッと2粒の丸で、さくらんぼらしくなります。

実は赤やピンクで、かわいらしく。

12か月のイラストを描いてみよう＊6月

イラスト＆文字 組み合わせ

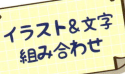

 # **July**

七夕のイラストは、おたよりのマストアイテム。
たのしいプールあそびや、海びらきも、この時季のイベントです。

織り姫
頭の上に、2つのおだんごを描くのがポイントです。

 →  →

完成！

色づけ＆アレンジ

羽衣をつけて、バージョンアップ！

彦星
頭の上に、おだんごを1つだけ描きましょう。

 →  →

完成！

色づけ＆アレンジ

星をちらして、七夕らしさを。

ささ＆短冊
ささを描くときには、フシをつけることを忘れずに。

 →  →

完成！

色づけ＆アレンジ

七夕かざり。いろいろ、たのしんで。

プール
両手を上げると、元気いっぱいの表情になります。

コースを描いて、プールらしく。

海
モコモコの入道雲は、海らしくなるアイテムです。

太陽を描いて、かもめを飛ばしても。

かに
はさみは大きくオーバーにすると、かわいくなります。

砂と貝で、海辺にいる雰囲気に。

かもめ
羽の先に、色をのせるスペースを区切ります。

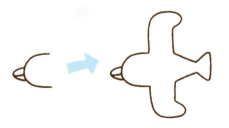 

遠くに飛んでいるイメージに。

PART 2　12か月のイラストを描いてみよう ＊ 7月

熱中症
ほっぺを強調して、暑そうな表情にしましょう。

カンカン照りの太陽を描いても◎

うちわ
柄の上に、放射線を描くのがポイントです。

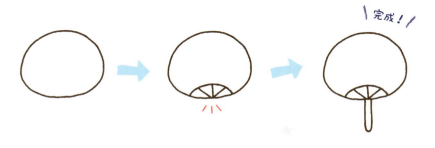

花火を描けば、夏らしさアップ！
※花火→p.60

すいか
皮にギザギザをつけるのが特徴です。

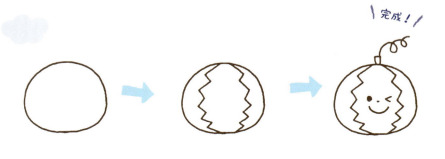

切り方いろいろ。
タネを忘れずに。

あさがお
花はラッパ型にして、ツルや葉をつけましょう。

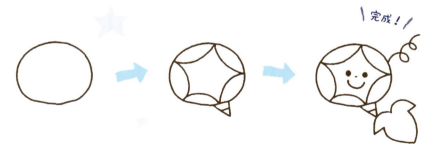

ピンク、紫、青などをぬって。

とうもろこし
顔を描くときには、ツブツブを控えめにします。

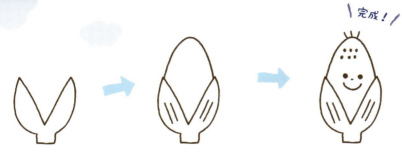

顔なしなら、全面にツブツブを。

蚊
とがった針先に、血を1滴つけると、わかりやすいです。

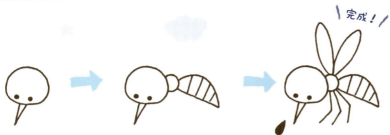

おしりの下に、飛んだあとをフワ〜。

PART 2 12か月のイラストを描いてみよう * 7月

イラスト&文字 組み合わせ

 **August**

花火大会や、かき氷などの夏の食べ物、
たのしい虫とりの様子もイラストにしてみましょう。

ひまわり　口を大きくあけると、元気なイメージになります。

顔なしなら、全面に格子模様を。

花火　中心から描きはじめて、だんだん大きくしていきましょう。

数を増やすと、ごうかになって◎

かき氷　氷は直線で、シロップは曲線で描きます。

冷たい氷は、青系の色でクールに。

もも
先を少しとがらせて、下はおしりのように線をいれます。

色づけ&アレンジ
半分に割り、赤ちゃん。桃太郎に。

パイン
実はドッシリと、葉は上向きに描きましょう。

色づけ&アレンジ
切り口を見せて。繊維を描くと◎

なす
実は下のほうをプックリと描きます。

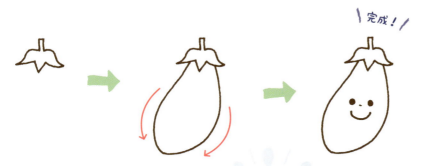

色づけ&アレンジ
全部をぬりつぶさなくてもOK！

トマト
実はヨコ長に丸く、おしりを少しとがらせるのがポイントです。

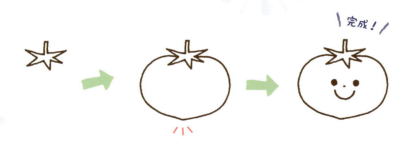

色づけ&アレンジ
小さく描くと、ミニトマトに変身！

PART 2　12か月のイラストを描いてみよう＊8月

虫とり
カゴとアミは、格子模様で表現します。

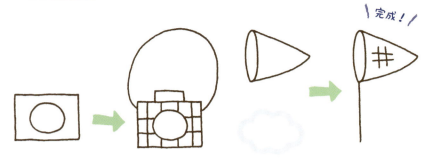

りんかくや格子模様は、色えんぴつで。

かぶとむし、くわがた
丸々としたからだと、大きなツノがポイントです。

からだを四角、ツノを変え、くわがた。

せみ
頭は四角に、羽は三角にするのが特徴です。

ギザギザをつけて、ないている様子を。

バッタ
うしろ足を大きく描くのがポイントです。

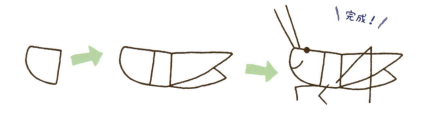

からだの部分だけ、カラフルにして。

62

やしの木
葉はのびやかに大きく、幹はしなやかに描きましょう。

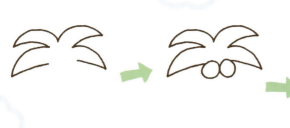

色づけ＆アレンジ
背景に海を描けば、南の島に。

ほたる
おしりの部分を、ポッと光らせます。

色づけ＆アレンジ

丸い光を描くと、大群のイメージに。

12か月のイラストを描いてみよう＊8月

イラスト＆文字組み合わせ

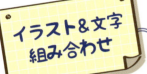
8月うまれのおともだち

8月のえんだより
20××年 8月○日 発行

夏野菜を食べよう
モグ　モグ

熱中症に注意!!

なつやすみ

 # September

お月見、秋の夜長になく虫の声……。
避難訓練や敬老の日などもあります。

お月見

おだんごは、三角形になるように積み重ねていきます。

月に雲を重ねて、雰囲気アップ！

すすき

茎はカーブをつけ、穂先はゆるくギザギザに、頭をたれるように。

地面を描くと、すすきの野原に。

もちつき

手をのばして、キネをもたせましょう。

全体を丸でかこむと、月のうさぎに。

コスモス
花びらは8枚。「+」の位置から描くと、均等になります。

花の色は、ピンクや赤にすると◎

ぶどう
逆三角形のイメージから、描きはじめるのがポイントです。

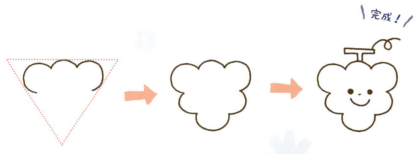

実を紫色で線を描けば、よりぶどうらしい。

かき
ヘタの形が大切。実の形は四角のイメージで描きます。

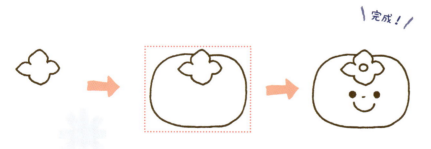

ヘタを緑にすると、新鮮なイメージに。

バナナ
房は3つくらい描くと、バランスよくまとまります。

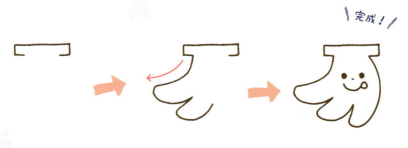

皮をむいたら、こんな感じに。

PART 2 12か月のイラストを描いてみよう * 9月

防災ずきん
ずきんの先を、少しとがらせましょう。

顔を描かなければ、ただの防災ずきん。

ケガをしている子
大きなばんそうこうをはり、片目をつむって涙を1滴描きます。

動物の顔に、アレンジしてもOK！

とんぼ
おなかは細長く、羽は左右に2枚ずつ描きましょう。

からだを赤くぬって、赤とんぼに。

すずむし
大きな丸い羽をすり合わせるように描きます。

音符をつけて、音がきこえるように。

イラスト&文字組み合わせ

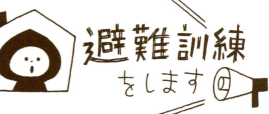

PART 2　12か月のイラストを描いてみよう＊9月

October

運動会、ハロウィン、いもほりなど、
たのしいイベントを、イラストで盛り上げましょう。

万国旗
国旗の種類は、わかりやすいものにしましょう。

たくさんの国旗を、
組み合わせても◎

テープカット
ゴールテープは、
大きく太く描くのがポイントです。

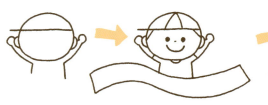

テープの中に、文字を書いても。

メダル
リボンは太く描くと、かわいくなります。

キラキラのマークを
つけてよろこびを。

玉いれ

玉はカゴの中だけではなく、外にも描くと躍動感がでます。

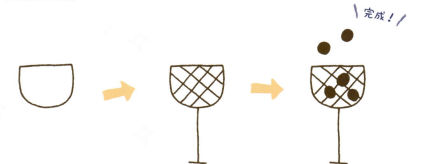 完成！

色づけ＆アレンジ

玉の色は、いろいろ変えてみて。

おばけ

すその部分は波の形に。足をつけると西洋風のおばけです。

 完成！

色づけ＆アレンジ

三角ぼうしをのせて、ハロウィンに。

ハロウィン

つばさの上を、とがらせるのがポイントです。

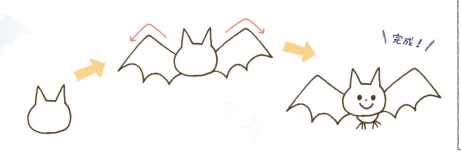 完成！

色づけ＆アレンジ

シルエットにして、星をちらすのも◎

魔女

三角ぼうしの先は少し折り、モジャモジャな頭にします。

 完成！

色づけ＆アレンジ

ほうきをプラスして、雰囲気アップ！

PART 2　12か月のイラストを描いてみよう＊10月

69

どんぐり
頭は半円に描き、まんなかに1本、棒を描きます。

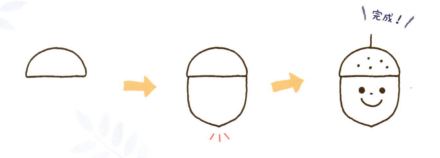

小さく描いて、コロコロ動く感じに。

くり
おしりはドッシリ、先をとがらせましょう。

くりのイガと合わせて、奥ゆきを。

さつまいも
真ん中をプックリ、両端を細くして、短い毛をつけます。

断面は黄色に。ゆげで焼きいも。

かぼちゃ
山を丸く3つほど描き、ツルをつけるのがポイントです。

キバをつければ、ハロウィン仕様に。

にんじん、だいこん

にんじんは先を細く、だいこんは真ん中をまっすぐに描きます。

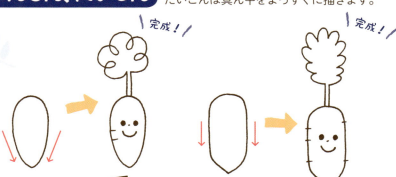

色づけ＆アレンジ

葉の形も、ちがいをだして。

イラスト＆文字 組み合わせ

12か月のイラストを描いてみよう＊10月

11月 November

紅葉、読書週間、音楽会、絵画展、七五三など……。
深まる秋に、こどもたちの感性が光ります。

いちょう　葉に切りこみを入れるのが特徴です。

向きを変えて、ヒラヒラまわせて。

もみじ　最初に真ん中の葉を描き、左右に葉をふやしていきます。

赤、オレンジ、茶色などをぬって。

まつぼっくり　下の段から描きはじめ、上にいくほど細くしましょう。

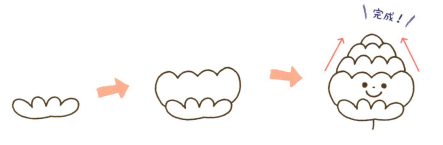

傘がとじた、まつぼっくり。

みのむし
まつぼっくりを逆さまにして、細く描くだけです。

枝をつけると、みのむしらしく。

読書
ひらいた本を描き、頭と両手をのぞかせます。

本の中に文字を書いても◎

たいこ
円柱にバチをのせれば、たいこになります。

音符をつけて、カラフルにたのしく。

ピアノ
右側のカーブの描き方がポイントです。

いろいろな色の音符をちらして。

12か月のイラストを描いてみよう * 11月

七五三
長方形に、おめでたい絵を描き、文字をいれます。

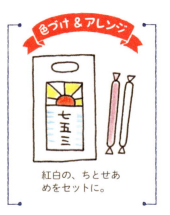

紅白の、ちとせあめをセットに。

お絵描き
チューブの形は、下をややひろげましょう。

筆をもたせ、絵の具を1滴たらして。
※りす→ p.33

りんご
丸の上を少しへこませ、軸を出し、葉をつけます。

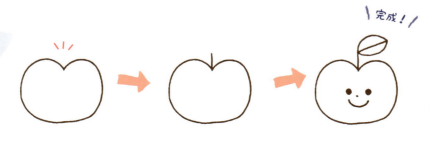

断面には、タネを1つぶ描いて。

きのこ
全体的に丸っこく描くと、かわいくなります。

傘の大きさで、種類を描きわけ。

> イラスト&文字
> 組み合わせ

PART ❷ 12か月のイラストを描いてみよう＊11月

12月 December

こどもたちが大好きな、クリスマス！
年の終わりの、大そうじの時季でもあります。

クリスマスツリー
3角を3段くらい、重ねるように描きます。

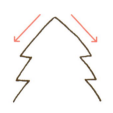 →  →

赤や緑のクリスマスカラーで。

サンタクロース
ヒゲを大きくたっぷりと、やさしそうなイメージになります。

 → →

サンタさんの洋服は、定番の赤に。

トナカイ
大きくて立派なツノと、丸い鼻が特徴です。

 →  →

鼻は赤く。丸く残してぬるとピカッ。

プレゼント
リボンむすびを描いて、四角くかこんで仕上げます。

色づけ＆アレンジ

リボンとラッピングに模様をいれて。

ケーキ
フワフワのクリーム、飾りはひいらぎをそえましょう。

色づけ＆アレンジ

葉は緑、実は赤にぬりわけて。

ポインセチア
タネを描き、3等分して葉を3枚、間にまた3枚くわえます。

色づけ＆アレンジ

葉は赤にすると、はなやかに。

クリスマスリース
リボンむすびを描き、丸でかこんでリースにします。

色づけ＆アレンジ

緑や、茶色をつかっても、オシャレ！

PART 2　12か月のイラストを描いてみよう＊12月

バケツ&ぞうきん

バケツのふちに、ぞうきんをかけて、水を1滴たらします。

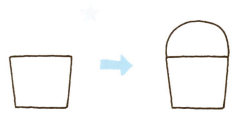

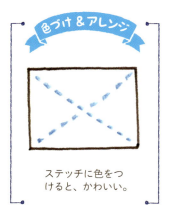

ステッチに色をつけると、かわいい。

ちりとり&ほうき

2つとも、かまぼこ型からスタートします。

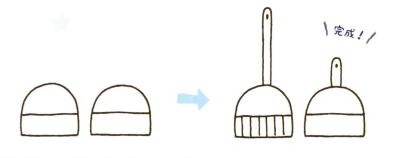

ホコリや、動きをつけてみて。

レモン

左右に、ちいさな突起をつけるのがポイントです。

断面からは、果汁を数滴たらして。

ねぎ

下を少し丸く、上は四角く切り落としましょう。

葉は葉先からグラデーションに。

> イラスト&文字
> 組み合わせ

PART 2 12か月のイラストを描いてみよう＊12月

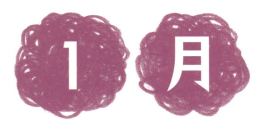 **January**

1年のはじまりお正月。日本の伝統あそびや、文化をイラストで伝えましょう。

初日の出
富士山の雪をギザギザに。ヨコからのぼる太陽を描きます。

日の出は、オレンジ色でめでたく。

鏡もち
つぶれた丸を2つ描き、下を平らにしましょう。

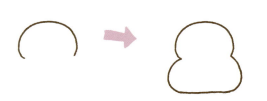

だいだいはオレンジ色、葉は緑色に。
※台（お月見）→ p.64

門松
3本の太い竹がポイントです。松に顔を描きます。

明るい緑色で、新年のイメージに。

80

 たこあげ
たこの足をなびかせて、風にのっているようにします。

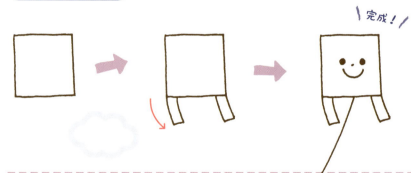

新年らしい絵を、描くのも◎

羽子板
板の部分は、下を少しずつ細くしていきます。

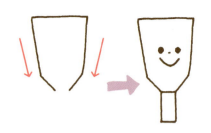

動きをつけて、羽子板あそびに。

こま
こまの軸は、真ん中にさすのがポイントです。

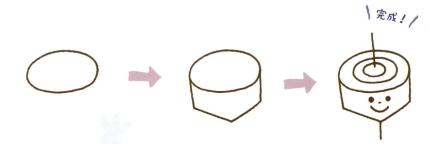

ひもをつけて、こままわしに。

かるた
四角を3枚。取り札、読み札、裏面を描きます。

緑、紫、紺などの日本らしい色で。

PART 2　12か月のイラストを描いてみよう＊1月

お年玉
四角の中に、ちょうちょむすびを描きます。

小さく文字を、書いてみるのも◎

おもち
プックリふくれたおもちに、顔を描きましょう。

あみにのせると、おいしそう。

ししまい
大きな口、こわい目もとがポイントです。

からだは唐草模様に。足も描いて。

こたつでみかん
ふとんは曲線をつかって、やわらかそうに描きます。

ねこをのぞかせると雰囲気アップ！

82

豆まき、バレンタインデー、雪の季節です。
防寒着でからだを守って、かぜをひかないように。

鬼
髪はモコモコ、口にキバ、頭にツノを描きます。

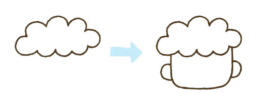 

こん棒と、トラ柄パンツをセットで。

豆と豆いれ
ますを描くときには、左右のつぎ目がポイントです。

豆をまわりに、ちらしても◎

バレンタインチョコ
ハートに、リボンをつけたり、文字をいれましょう。

白を残してツヤッとさせても。

手ぶくろ&マフラー

手ぶくろは左右対象に描くと、かわいいです。

色や模様をそろえると、セット感!

防寒着

丸みをつけて描くと、コートの厚みが表現できます。

寒い日は、あたたかい色でホッコリ。

医者

白衣と聴診器を描くのがポイントです。

顔に色をぬると、白衣がクッキリ。

マスク

マスクは大きめに描いて強調。耳にかけるゴムを忘れずに。

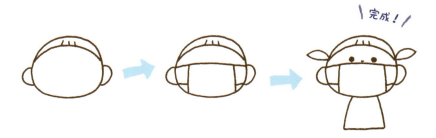

清潔感のあるブルー系をぬると◎

PART 2　12か月のイラストを描いてみよう * 2月

雪うさぎ
おまんじゅうの形に、目と耳をつけるのがポイントです。

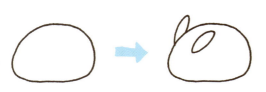 

完成！

色づけ＆アレンジ

耳は葉、目は赤い実にして。

雪の結晶
線を6等分にして、それぞれにY字になるようにします。

完成！

色づけ＆アレンジ

大小をつけたり、飾りをいれても。

かまくら
大小のドームを2つ描いて、雪をちらしましょう。

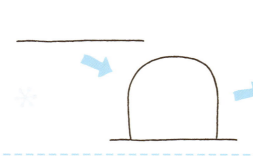 

完成！

色づけ＆アレンジ

動物をいれると、ドラマチック！

つばき
真ん中に描いた、大きなおしべがポイントです。

完成！

色づけ＆アレンジ

葉は緑、花は赤や白で。

ほうれんそう

葉は大きく、全体的に逆三角形の形にするのがコツです。

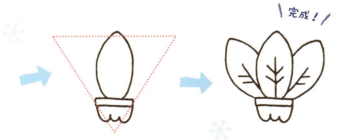

根もとを赤くするのがポイント。

れんこん

筒のような形を描き、断面に穴をいくつかあけるだけです。

2つをつなげて、顔を描いても。

12か月のイラストを描いてみよう＊2月

イラスト＆文字組み合わせ

 **March**

ひなまつり、卒園式、入学式の準備など、
あわただしい中にも、おめでたいことが続きます。

おだいりさま
からだは、たけのこのように。
ぼうしの形がポイントです。

↓完成！

色づけ＆アレンジ

もものの花をちらして、雰囲気アップ！

おひなさま
からだの下の部分を少しひろげて。
かんむりがポイントです。

↓完成！

色づけ＆アレンジ

かんむりは黄色、きものは赤やピンクの暖色系に。

ひしもち
ひし形を3段に重ねて、台の上にのせます。

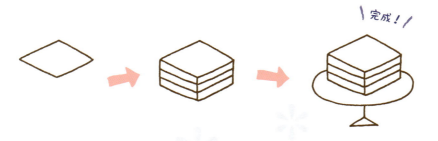

↓完成！

色づけ＆アレンジ

桃のピンク、雪の白、新芽の緑に。

すみれ 一番下の花びらを大きく、茎はカーブさせましょう。

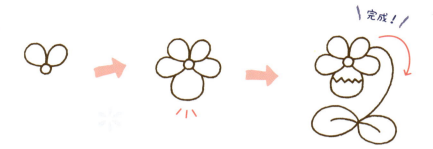

花の色は青や紫など、葉は緑で。

菜の花 小花の集合を大きく。その下の左右に小花を2つずつ描きます。

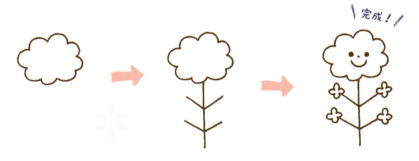

黄色と緑の組み合わせで、春らしく。

卒園児 園の服＆筒で、卒園を演出しましょう。

さくらをちらすと、春らしさが。

卒園証書 卒園証書と筒をセットで描きます。

証書には、黄色や金をつかって。

PART 2　12か月のイラストを描いてみよう＊3月

ランドセル
ふたの上部のカーブを、大きく描くのがポイントです。

お好みの色を、つかってぬるのが◎

つくし
たまごのような顔と、茎のはかまが特徴です。

顔なしのときには、格子模様で。

えんどう豆
頭にヘタをつけると、サヤらしく描けます。

中身の豆をちらすと、おいしそう！

ブロッコリー
大きなモコモコの頭から、太い茎を描きましょう。

グルグルぬると、モコモコ感が！

コラム たのしい！手づくりおもちゃ

こどもがよろこぶ手づくりおもちゃ。かわいいイラストでたのしさアップ！

じしゃくのつり

つりざおのじしゃくとクリップがくっつきます。とがった紙は危ないので、角は丸くしておきます。

牛乳パックパズル

広い面積をぬるのは、絵の具が便利。ふちどりはサインペンでくっきりと。

【材料・道具】
牛乳パック　4つ
イラスト　6まい
透明テープ
はさみ

【作り方】
1. イラストを4等分に切る
2. 牛乳パックを正方形にする
3. 牛乳パック1こずつに6種のイラストをはりつける

ポイント
牛乳パックの余った部分を中に入れてパズルをつくると強度が増します。

【つり】ハンバーガー＝p.107、いぬ＝p.31、ひこうき＝p.122、さかな＝p.37、ショートケーキ＝p.102、キャンディー＝p.104
【牛乳パックパズル】ねこ＝p.30、ヨット＝p.123、かめ＝p.37、食パン＝p.107、トランペット＝p.113、りんご＝p.74

PART 3
保育のイラストを描いてみよう

こどもたちの生活にかかわるものや、
園でつかうものなどを、
かわいいイラストで紹介しています。
きほんの生活習慣をおぼえてもらうときに、
イラストをつかうと、わかりやすいです。

生活 Life

園での生活シーンを描きます。
うがいや手洗いなどは、動物にしてもかわいい！

あいさつ
顔を下のほうに描けば、おじぎになります。

 → → ↘完成！

かなしそうな顔で、「ごめんなさい」。

いただきます
お皿を空にすれば「ごちそうさま」になります。

 →  →  ↘完成！

口をあけて、ことばを書いても◎

食べる
ほっぺをふくらませるのがポイントです。

 →  →  ↘完成！

洋食なら、ナイフとフォークを。

うがい
顔を上のほうに描いて、口をおおきくあけましょう。

蛇口をいっしょに描いてもいい。

手洗い
泡を描けば、手洗いに。シャボン玉を飛ばします。

ハンドソープや、石けんもそえて。

お昼寝
目をとじてねむっている顔に、ZZZを入れてみましょう。

夜になったら、星や月を描いて。

お散歩

台車から、こどもたちの顔をのぞかせます。

雲などを描くと、外の空気感が。

PART 3　保育のイラストを描いてみよう＊生活

お仕事 Occupation

それぞれのお仕事の、制服や用具を描くと、カンタンに描きわけられます。

おまわりさん
敬礼のポーズにして、腰にこん棒をつけます。

 →  →  完成！

色づけ＆アレンジ
いぬのおまわりさんにしても◎

お医者さん
白い上着に、聴診器を耳にあてましょう。

 →  →  完成！

色づけ＆アレンジ
お医者さんグッズの、注射も描いて。

看護師さん
えりつきワンピース、ナースサンダルで、髪をまとめます。

 →  →  完成！

色づけ＆アレンジ
ナースキャップをかぶらせても。

消防士さん
頭をまもるヘルメットがポイントです。

完成！

消防グッズの消火器を描いて。

車掌さん
電車の窓から、大きく顔をだしましょう。

完成！

バスを描けば、バスの運転手に。
※バス→ p.49

アイドル
口をあけて、右手にマイクをもつのがコツです。

完成！

音符を描くと、歌っている感じに。

コックさん
手にフライパンや調理器具、コックさんのぼうしをかぶらせます。

完成！

白いユニフォーム。色はポイント的につかいます。

PART 3　保育のイラストを描いてみよう ＊ お仕事

ウエイトレス
エプロンをつけて、トレーを片手にもちます。

ちょうネクタイで、ウエイターに。

宇宙飛行士
頭は、まあるく。
からだは太めに描くのがポイントです。

星をちらして、宇宙感を演出！

サッカー選手
片足をボールにのせて、
片目はウインクします。

五角形を描けば、サッカーボール。

野球選手
耳あてつきのヘルメットで、
バットをかまえます。

ボールやグローブの、野球グッズも。

ケーキ屋さん

コックさんとはちがい、ふんわり丸い形のぼうしにします。

ボウルや泡立て器で、ケーキ屋さん。

科学者

くるくるヘアーで、めがねをかけましょう。

フラスコを描いて、実験の雰囲気に。

お花屋さん

頭にはずきん、手にはお花をもちましょう。

店頭にお花を描けば、わかりやすい。

さかな屋さん

ハチマキ、長いエプロン、長ぐつ、手にさかなをもちます。

カラフルなひさしと、さかなで◎

  Story

いろいろなお話の登場人物たち。
こどもたちの大好きなもの、集めました。

お城
大きな門と、三角屋根をいくつか描き、旗を描きます。

色づけ＆アレンジ
点の模様を入れて、レンガ風にしよう。

お姫さま
ティアラをつけて、長いドレスを着ます。

色づけ＆アレンジ
ドレスは、ピンクをポイントに。

王子さま
かんむりは大きめに。
ふっくらパンツに、マントをはおります。

色づけ＆アレンジ
パンツはブルーで引き締めて。

海賊
頭をバンダナでつつみ、顔のキズがポイントです。

海賊船には、ドクロのマークを。

忍者
顔はできるだけかくして、すばやそうな動きを描きます。

手裏剣を、まわりに飛ばして。

赤ずきん
ずきんからリボンをだして、カゴを両手でもちます。

花をまわりに描けば、童話の世界に。

おおかみ
とがった耳とキバ、大きなシッポを描きましょう。

よだれをたらせば、こわそうになる。

PART 3 保育のイラストを描いてみよう ＊ お話

101

食べもの  Food

形は丸、三角、四角をきほんにして、
色は暖色系でぬると、おいしそうに描けます。

[おやつ]

お誕生日ケーキ
ケーキ（p.77）に、いちごとロウソクをつけます。

ペーパーナプキンをしいても◎

ショートケーキ
三角と四角を描けば、完成です。

フォークやお皿をセットして。

カップケーキ
丸くモコモコ、ふくらんでいるように描きます。

カラフルに、デコレーション！

牛乳
びんは丸みをつけて描き、「MILK」の文字を入れます。

色づけ&アレンジ
両腕を描いて、ガッツポーズ！

プリン
さくらんぼをのせると、かわいいプリンになります。

色づけ&アレンジ
スプーンをそえて、いただきます！

ホットケーキ
2〜3枚重ねると◎
バターやシロップも描きましょう。

色づけ&アレンジ
シロップの部分は、濃い色でぬって。

ソフトクリーム
クリームの先を、少しだけとがらせます。

色づけ&アレンジ
クリームを丸く描くと、アイスに。

PART 3 保育のイラストを描いてみよう ＊ 食べもの

[りょうり]

ごはん
ごはんは、モコモコ山盛りにしましょう。

   完成！

白いごはんを表現。
色に気をつけて。

おにぎり
三角は丸みをつけると、おいしいそうです。

   完成！

梅干し、ふりかけ
で、アレンジを！

サンドイッチ
側面に少しだけ丸みをつけて、具材をサンドします。

    完成！

ハムはピンク、レ
タスは緑色に。

カレーライス
ルーとごはんは、線の描き方を変えましょう。

 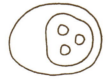  完成！

色をつけると、わ
かりやすくて◎

PART 3 保育のイラストを描いてみよう＊食べもの

めだま焼き
たまごの黄身は丸く、白身はゆるっとした形にします。

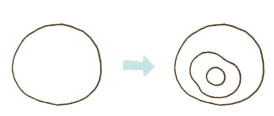 

色づけ＆アレンジ
野菜をそえると、あざやかに！

オムライス
たまごの部分は、アーモンド形に描くのがポイントです。

色づけ＆アレンジ
赤いケチャップと、緑の野菜で◎

ハンバーグ
鉄板皿を描き、ハンバーグには格子柄をつけましょう。

色づけ＆アレンジ
赤いにんじん、緑のブロッコリー。

スパゲッティ
ソースをはじめに描いて、あとからパスタを描きましょう。

色づけ＆アレンジ
フォークをそえると、わかりやすい。

 Play

おもちゃや楽器は、丸みをもたせて描くと、
こどもらしいイメージになります。

[おもちゃ]

 三角や四角を重ねたり、ちらしたりします。

 →  →  完成！

いろいろな色を、カラフルにぬって。

人形　手や足をシンプルに描くと、人形らしくなります。

 →  →  完成！

髪型、洋服、リボンでアレンジ！

ロボット　すべてのパーツを、四角で描きましょう。

 →  →  完成！

メカニックな色を選ぶと◎

じょうろ

丸の部分に点々を描くと、ジョウロらしくなります。

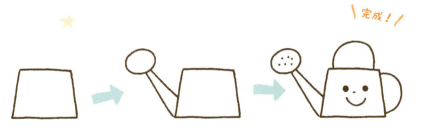

しずくを描いて、水をまくシーンを。

スコップ

三角は丸みをつけた形で描くと、かわいいです。

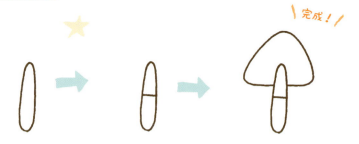

クマデとセットで、柄の色を変えて。

ボール

ボールの中の線も、弧を描くようにしましょう。

カラフルに、色わけすると◎

折り紙

紙を少しずらして描くことがポイントです。

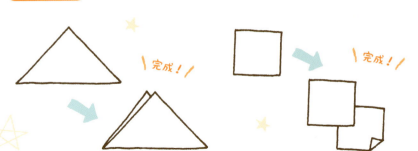

表と裏の色を、それぞれ変えて。

PART 3 保育のイラストを描いてみよう ＊ あそび

のり
胴はどっしりとした感じに描きましょう。

水のりバージョンも描いてみて。

はさみ
先を丸く描くと、安全なイメージになります。

はさみをひらいて、切っているところ。

クレヨン
クレヨンの軸に、紙をまいている感じにしましょう。

表情をつけても、たのしい！

絵の具
指をかけるカーブの形がポイントです。

数色いれると、パレットらしく。

[遊具]

砂場
二重の半円に点々を描いて、スコップをさします。

丸でかこんで、砂場全体を表現。

すべり台
すべり台とはしごは、斜めに左右から描きましょう。

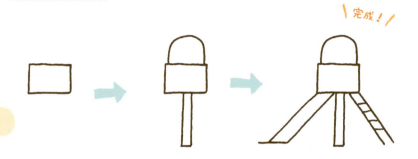

木をうしろに描き、公園風にして。

ブランコ
支えは台形に、ブランコは2つたらします。

雲を描けば、外の雰囲気になる。

とび箱
台形の上のかどは、丸みをもたせて描きましょう。

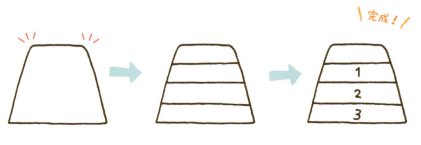

カラフルだと幼稚園、茶色だと学校。

[楽器]

カスタネット
丸を2つ重ね、むすんだひもをつけましょう。

赤と青を重ねると、カスタネットに。

マラカス
大きな円を描き、しましま模様をつけます。

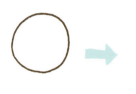   

2つ描けば、両手でシャカシャカ！

タンバリン
胴の部分は薄めにして、半円のシンバルをつけます。

星をつければ、たたいている雰囲気。

鈴
鈴は数を少なく、大きめに描きましょう。

動きをつけて、鳴らしている鈴。

トライアングル
三角の一部を、あけて描きます。

金属の色、グレーをぬると◎

トランペット
ラッパの部分を、三角で大きく描きましょう。

音符をつけて、カラフルな色合いに。

木琴
木の長さは、左から右へ向かって、短くしていきます。

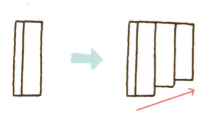
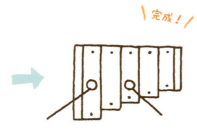

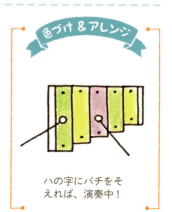

ハの字にバチをそえれば、演奏中！

笛
くわえる部分は四角、本体は丸く。穴も描きます。

ギザギザを入れて、大きな音を表現。

PART 3 保育のイラストを描いてみよう ＊ あそび

園でつかうもの

Something to use at a nursery school

洋服にはリボンや星をつけて、食器には顔を描くと、かわいくなります。

通園バッグ

長方形の部分は、丸みをつけると、かわいくなります。

黄色や紺で、子どもらしい雰囲気に。

通園ぼうし

頭は丸く、ツバは短めにしましょう。

秋冬は濃い色、春夏は薄い色に。

下着上下

えりとそでは、丸く切り抜きます。

星印を描いて、男の子バージョン。

くつした

つま先とかかとは、丸く描きましょう。

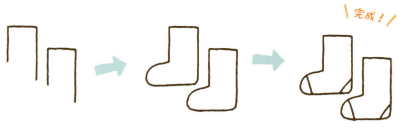

長さをいろいろ変えて、たのしんで。

Tシャツ

そでや着丈を短く描くと、こども服らしくなります。

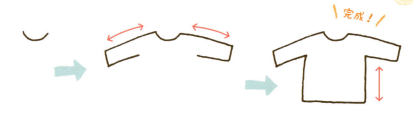

お好みの色や模様をつけてみて。

えりシャツ

形はTシャツと同じ。
えり、ボタン、手首の部分を追加します。

えりの形は四角にしてもカッコイイ。

ズボン

長方形を描き、また下の部分をくり抜きます。

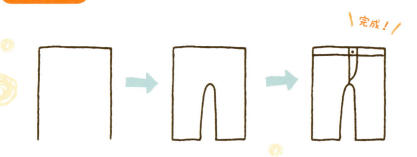

長さを短くすると、ショートパンツに。

PART 3 保育のイラストを描いてみよう * 園でつかうもの

上ばき
足の甲のゴムバンドがポイントです。

つま先のゴムの色を変えてみて。

くつ
足のはいる穴を描き、くつの底は平らにしましょう。

ちょっとアレンジして、スリッポン。

水着（女の子）
すそを短くして、ヒラヒラさせます。

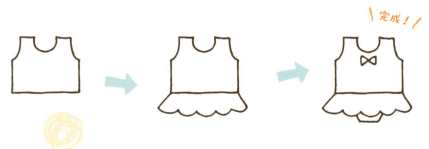

リボンや模様で、水着らしく。

水着（男の子）
ショートパンツに、調整ひもをつけます。

水着らしい色や模様でぬろう。

[もちもの]

スプーン
丸を大きく描くと、かわいい感じになります。

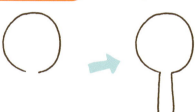

\ 完成！/

頭をギザギザにし、先割れスプーン。

フォーク
頭に2〜3個、みぞをつけるとフォークです。

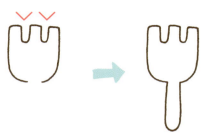

\ 完成！/

ナイフとセットにしても◎

おはし
先は細く、根元はやや太くしましょう。

\ 完成！/

はし箱にいれて、お弁当用に。

ひもつきタオル
太めのひもをつけます。

\ 完成！/

さわやかな模様で、清潔感を演出。

PART 3　保育のイラストを描いてみよう ＊ 園でつかうもの

ハブラシ
柄の上下を丸く描き、毛先をギザギザにします。

 →  →  完成！

歯みがき粉と、セットにしても◎

コップ
全体的に丸みをつけると、こども用になります。

 →  完成！

水やジュースをいれてみよう。

ほにゅうびん
全体的に丸く描き、底は平らにしましょう。

 → →  完成！

メモリの色を変えても、たのしい。

手さげバッグ
横長の長方形に、太い持ち手をつけます。

 完成！

おなまえをつけて、マイバッグに。

[その他]

おまる
鳥の頭に、持ち手を2つつけます。

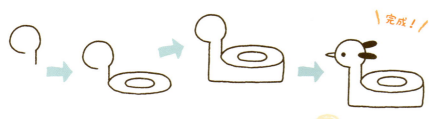

色はかわいく、清潔な印象のものを。

トイレ
左下の部分の、「へこみ」がポイントです。

前を丸く描けば、和式トイレに。

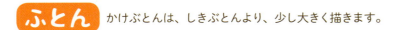

ふとん
かけぶとんは、しきぶとんより、少し大きく描きます。

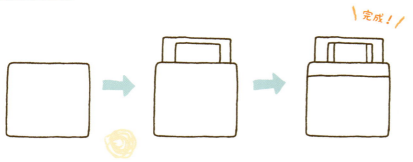

色や模様は、おこのみでえらんで。

つくえ、イス
脚は外側を長く、内側を短く。イスは背もたれをつけます。

線をいれると、木目のあたたかさに。

乗りもの  Vehicle

男の子に大人気の乗りものは、
本体や窓の形を変えて、描きましょう。

電車　車体のヨコから、車輪が見えるようにします。

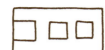

色づけ＆アレンジ

車両を増やし、線路をつけて。

新幹線　頭は丸く、窓は小さく数を多くしましょう。

色づけ＆アレンジ

うしろに線をいれ、スピード感を。

自転車　2つの車輪の、つなぎ方がポイントです。

色づけ＆アレンジ

赤い自転車で、かわいらしく。

トラック　荷物をつむスペースを、大きくします。

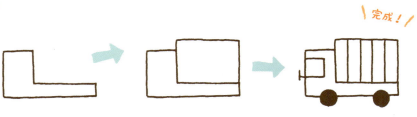

車体をぬりつぶし、荷台は線だけぬって。

救急車　車体の前は、斜めにカットしましょう。

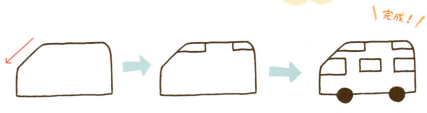

車体は白、ライトは赤にする。

消防車　長いはしご、グルグル巻きのホースを描きます。

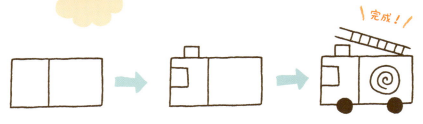

車体は赤、サイレンはギザギザで。

三輪車　車輪が3つ見えるように描くのがポイントです。

こどもが好きな色をぬって、ハッピーに！

PART 3　保育のイラストを描いてみよう ＊ 乗りもの

一輪車
車輪は大きく、ペダルは小さく描きます。

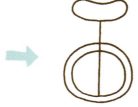

色を一部分だけぬり、オシャレに。

ひこうき
左右の羽の位置が、ポイントになります。

雲を描いて、空を飛ぶイメージに。

ロケット
火をふいて、大空へ飛んでいくように描きます。

星を描いて、宇宙のイメージに。

ヘリコプター
胴は丸く、プロペラは大きく描きましょう。

山を小さく描けば、飛んでいる感じに。

気球
丸を大きく描き、カゴと線で結びます。

うさぎを乗せて、
空を飛んでいる。
※うさぎ→p.32

船
2番目の四角は、中心よりうしろに描くのがポイントです。

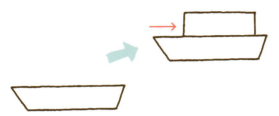 

底を波型にすると、
海の上の船に。

ヨット
三角の帆は、ゆったり大きく描きましょう。

イカリマークや、
かもめを飛ばして。

潜水かん
胴は大きな涙型を描き、頭に潜望鏡をつけます。

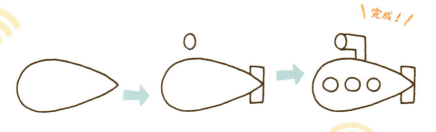

さかなを泳がせて、
水中のイメージに。

PART 3 保育のイラストを描いてみよう ＊ 乗りもの

コラム いないいないばあ！これ、な〜んだ!?

裏と表でひっくり返してあそべる、ペープサートを2種類つくってみよう。

【ペープサート】ねこ = p.30、うさぎ = p.32、ぞう = p.34、ぶどう = p.65、はち = p.47、チューリップ = p.45

いろいろつかえる！イラスト組み合わせのアイデア

おしらせ、おねがい、よてい

おたよりやポスターなど、ちょっとした
おしらせのときに、つかえる見出しです。

おいわい、おたんじょうび、ごほうび

おたんじょうびや、賞状などに、イラストと文字を組み合わせて。

イラストいろいろ

このままコピーして、ちょっとしたイラストカットとしてつかえます。

*色をぬったり、コピーをしてはりつけたりアレンジしやすいように 線画のみにしてあります。

著者 カモ

広告企画制作会社でグラフィックデザイナーとして勤務ののちイラストレーター(デザイナー)としてフリーで活動中。著書に『ボールペンでかんたん！プチかわいいイラストが描ける本』(メイツ出版)ほか。イラストの描き方、ものづくり、など多数。NHK Eテレ「趣味Do楽」「趣味どきっ！」に、講師として出演。イラスト講座、イベントなども開催中。
http://kamoco.net

撮影協力　所沢第二文化幼稚園

STAFF

デザイン　根本綾子
撮影　金子吉輝（DUCK TAIL）
モデル　石川未来
編集協力　雨宮敦子（Take One）

©Kamo

参考文献『おたより文例集＆イラスト12か月 ハンディ版』(新星出版社)

・本書掲載のイラストは、購入された個人または法人・団体が私的使用の範囲内で利用できます。営利目的での使用、インターネット等のネットワーク上では使用できません。
イラストの著作権は弊社が管理しています。

本書の内容に関するお問い合わせは、書名、発行年月日、該当ページを明記の上、書面、FAX、お問い合わせフォームにて、当社編集部宛にお送りください。電話によるお問い合わせはお受けしておりません。
また、本書の範囲を超えるご質問等にもお答えできませんので、あらかじめご了承ください。
　FAX：03-3831-0902
　お問い合わせフォーム：https://www.shin-sei.co.jp/np/contact-form3.html

落丁・乱丁のあった場合は、送料当社負担でお取替えいたします。当社営業部宛にお送りください。
本書の複写、複製を希望される場合は、そのつど事前に、出版者著作権管理機構（電話：03-5244-5088、FAX：03-5244-5089、e-mail：info@jcopy.or.jp）の許諾を得てください。
JCOPY ＜出版者著作権管理機構 委託出版物＞

かんたん！かわいい！カモさんの保育のイラスト12か月

著　者　　カ　モ
発行者　　富　永　靖　弘
印刷所　　株式会社新藤慶昌堂

発行所　東京都台東区台東2丁目24　株式会社 新星出版社
〒110-0016 ☎03(3831)0743

© Kamo　　　　　　　　　　　　　　　Printed in Japan

ISBN978-4-405-07241-1